あらわす

光村の国語

これでなっとく！ にている漢字の使い分け ❶

同訓異字

同じ訓読みのことば

「会う」「合う」「遭う」……。

日本語には、別の漢字で書き表す同じ訓読みのことば「同訓異字」がたくさんあります。

文章を書いているときに、どの漢字が当てはまるか迷ったことはありませんか。

使い分けがわからずに平仮名で書いてしまうと、
読みにくくなったり意味が伝わりづらくなったりしてしまいますね。

この本では、みなさんが日常でよく使う同訓異字を取り上げ、
漢字の音訓や意味、その漢字を使った熟語などを手がかりにした、
使い分けの考え方を解説しています。
考え方がわかると、場面や文脈に合わせて適切な漢字を選ぶ力がつきます。
考える習慣を身につけて、同訓異字を使いこなせるようになりましょう。

光村教育図書

同訓異字

同じ訓読みのことば

目次

たぬぴよの漢字なるほど教室

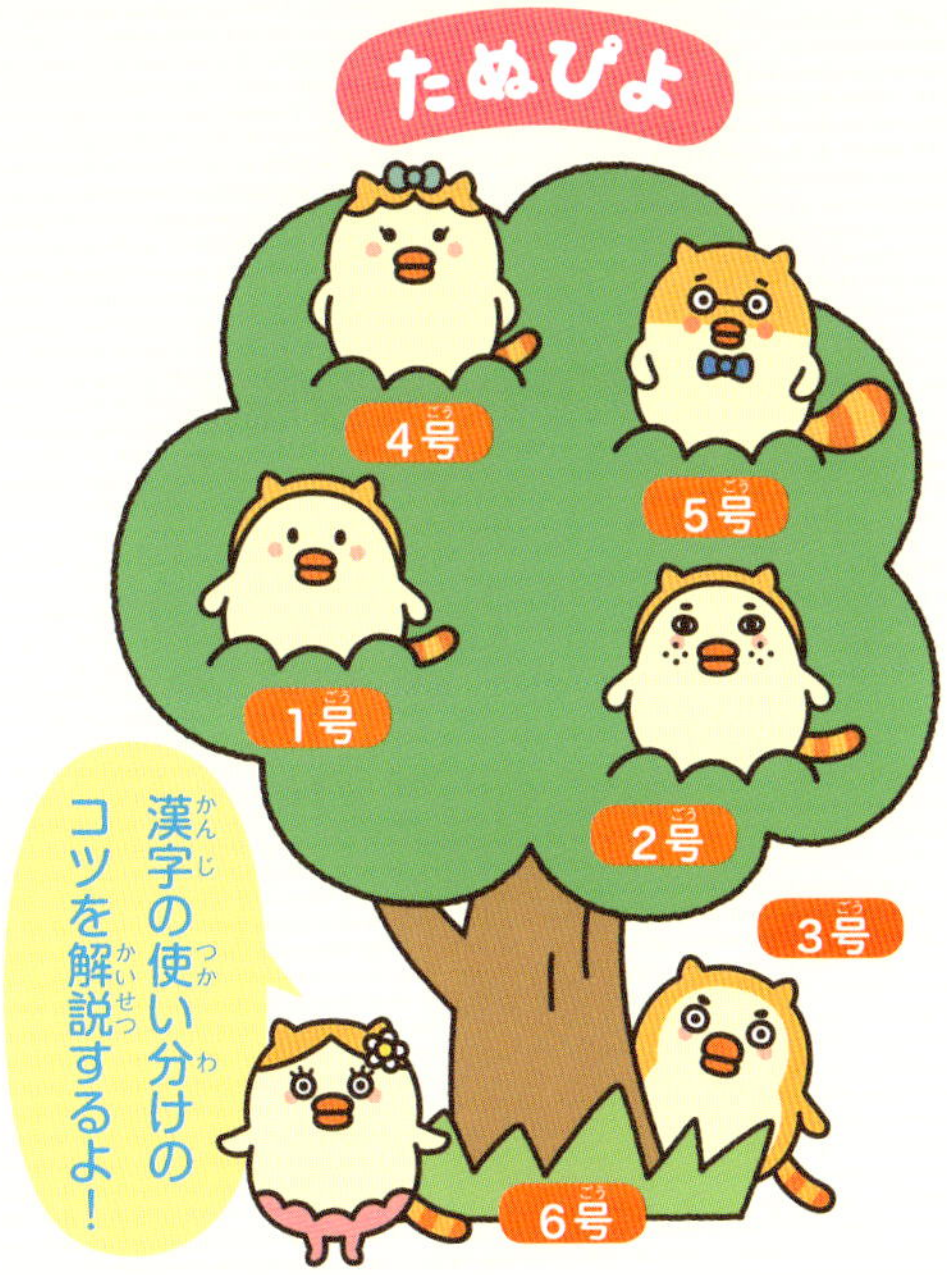

この本の見方

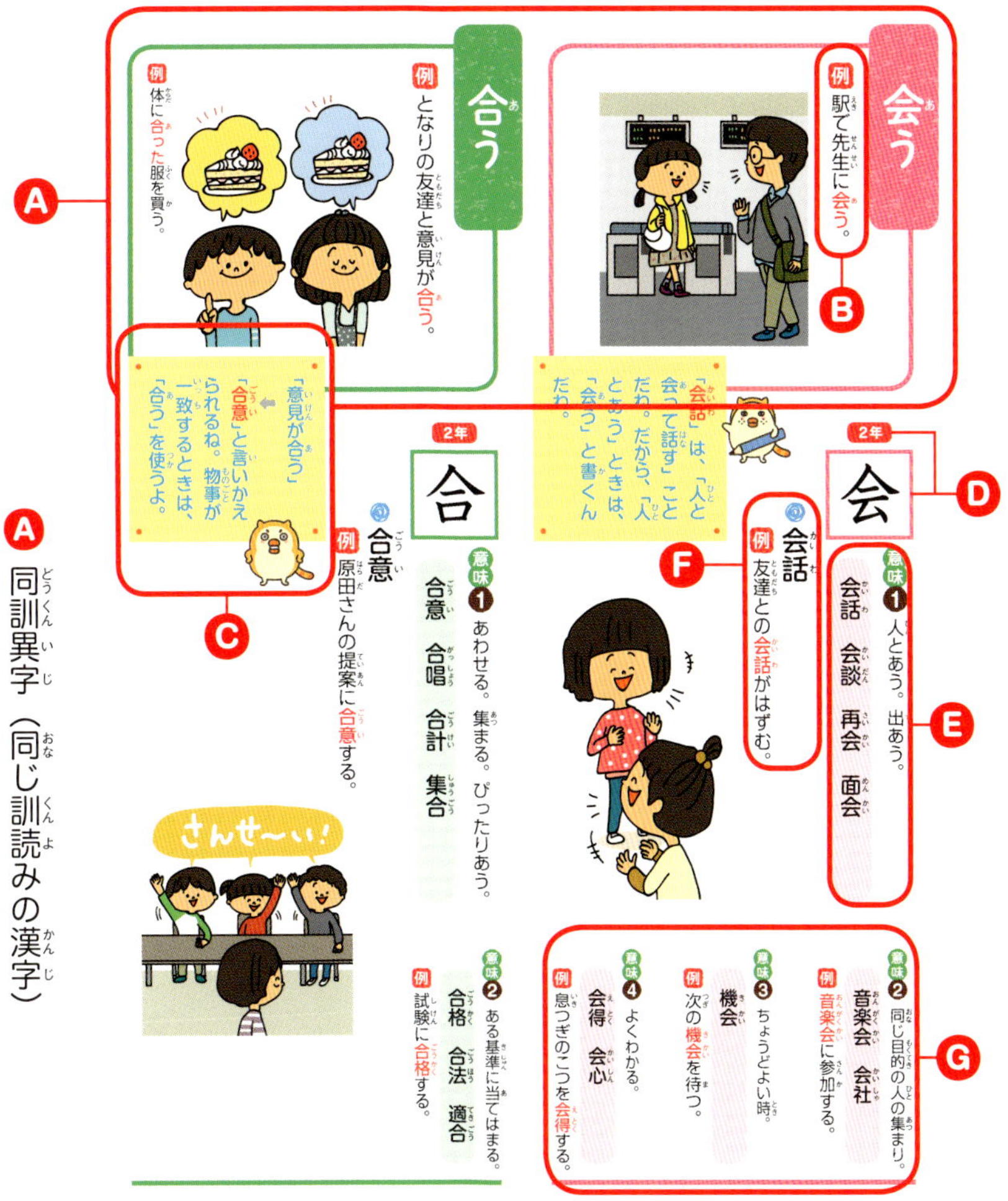

この本では、二〇二〇年度より実施される学習指導要領の学年別漢字配当表に合わせて、学年を表示しています。

- A 同訓異字（同じ訓読みの漢字）
- B 同訓異字の使い方の例
- C 同訓異字の使い分けのコツ
- D Aで取り上げた漢字と学習する学年
- E Aで取り上げた漢字の意味と、使い分けのヒントとなる熟語
- F Eの中の代表的な熟語と使い方の例
- G E以外の意味と熟語の例

おなやみ解決！
漢字の使い分け
講座 1

「会う」？「合う」？

熟語の意味から当てはまる漢字を見つけよう

「あう」→10ページ

たとえば、「会」を使った熟語には「会話」や「再会」があるでしょう？「会話」は「人と会って話す」こと、「再会」は「長い間はなれていた人と再び会う」こと。

会話
ふむふむ
再会
ひさしぶり!!

だから、人とあうときの「あう」には「会」を使うのよ。

「合意」という熟語は、「意見が合う」ことを表すよね。

合意
だから「あることがあう（一致する）」ときは「合う」を使うのか。

ちなみに、「あう」は「遭う」と書くときもあるよ。トラブルなど、よくないことに出くわしたことを表す漢字よ。

遭
ハッ!

じゃあ、この前の遠足での出来事は、「ひどい目に遭った」と書くんですね！

あっ!!

おにぎり～～!!

バタバタ～

サッ!

あのとき……

とんだ災難だった……！

あらら……

おなやみ解決！
漢字の使い分け講座 2

「あける」はどの漢字？

訓読みから当てはまる漢字を見つけよう

「あける」→12ページ

席がからになっています！

そう!!!

では、「から」はどんな漢字を書くのかな？

「空」です!!

だから、「席をあける」は「空ける」と書くのよ。

正解！

席が空だから「空ける」……

わかりやすーい!!

「窓をあける」は「窓をひらく」と言いかえられるね。だから、この「あける」には「開」を使うの。

どの漢字を使うか迷ったときは、別の訓読みを考えるといいよ。

ね!!

あ
それはそうと、シャツの前が開いているよ。

あっ！

いや！

ちょっと!!

わ〜

「ひらく」ともいうから、「開」ですね！

クスクス

熟語を思いうかべて考えよう！
「おさめる」の使い分け

「おさめる」→24ページ

まあまあ、二人とも落ち着いて。

じゃ、
ヒントをあげるよ！

税金をおさめることを熟語でなんというかな？

熟語で？

ええと……

はい！

「納税」です！

正解!!

「納」はお金や品物などを相手に差し出すことを表す漢字だよ。

納税
「おさめる」という意味で「納入」という熟語もあるんだ。

だから、「税金をおさめる」には「納」を使うよ。

そうなんだ!!

ちなみに「収」は、自分のものにすることを表すよ。

お金を手に入れることを「収入」というよね！

「利益をおさめる」のような場合には「収」を使うよ。

お年玉♡

ありがとう!!

はいっ
確かに！

ぼくの場合は、自分のところに「収める」前にお母さんに「納める」ことになるんだけどね……。

わーい!! お年玉だー! 何買おう？ ゲーム、マンガ
むだづかいダメ!!

サッ
アハハ…

フッ。

熟語で使い分けがわかる！

あう 会 合 遭

トライ！
なつかしい友達にあう。「あう」は「会」「合」「遭」どれ？
↓答えは左下

会う

例 駅で先生に会う。

「会話」は、「人と会って話す」ことだね。だから、「人とあう」ときは、「会う」と書くんだね。

会 2年

意味❶ 人とあう。出あう。
会話　会談　再会　面会

会話
例 友達との会話がはずむ。

意味❷ 同じ目的の人の集まり。
音楽会　会社
例 音楽会に参加する。

意味❸ ちょうどよい時。
機会
例 次の機会を待つ。

意味❹ よくわかる。
会得　会心
例 息つぎのこつを会得する。

合う

例 となりの友達と意見が合う。

例 体に合った服を買う。

「意見が合う」⇐「合意」と言いかえられるね。物事が一致するときは、「合う」を使うよ。

合 2年

意味❶ あわせる。集まる。ぴったりあう。
合意　合唱　合計　集合

合意
例 原田さんの提案に合意する。

意味❷ ある基準に当てはまる。
合格　合法　適合
例 試験に合格する。

遭う

例 思わぬ災難に遭う。

「遭難」は、「災難に遭う」こと。事件や事故など、よくないことに出くわすときに、「遭う」を使うことが多いよ。

中学

遭

意味 思いがけないことにあう。出くわす。

遭難　遭遇

遭難

例 遭難した人を救助する。

「遭難」とは、山や海などで、命を失うような災難に遭うことだよ。

たぬぴよの漢字なるほど教室

漢字の「音」と「訓」

日本には、もともと文字がありませんでした。そこで、中国から伝わった漢字を使って日本語を書き表しました。「音」は中国での発音をもとにした読み方で、「訓」は漢字の意味に合う日本語を当てはめた読み方です。

「牛」の「ギュウ」、「走」の「ソウ」という読み方は、聞いただけだと意味がわかりにくいね。でも、「うし」「はしる」ならわかるよ。

牛

音 ギュウ
訓 うし

走

音 ソウ
訓 はし-る

トライ！の答え：会

熟語と訓読みで使い分けがわかる！

あける　空　明　開

トライ！
入り口のドアをあける。
「あける」は「空」「明」「開」どれ？
→答えは左下

空ける

例 田中君が席を空ける。

例 今日の午後は空いている。

「空席」は、席が「空」になっていることだね。だから、「席をあける」には「空」を使うんだ。

明ける

例 もうすぐ夜が明ける。

例 年が明ける。

例 来週には梅雨が明けるそうだ。

夜が終わると、朝日がのぼって「明るく」なるね。だから、「夜が明ける」と書くと覚えよう。

空（1年）

意味❶ からっぽ。何もない。

空席　空白　空腹　空き缶

空席

例 喫茶店で空席を探す。

意味❷ そら。天と地の間。

大空　空中　上空

例 鳥が大空を飛ぶ。

意味❸ うそ。本当でないこと。

空想　空耳

例 おとぎの国を空想する。

意味❹ 役に立たない。むだ。

空論　空回り

例 その話は机上の空論だ。

明（2年）

意味❶ あかるくなる。次の期間になる。

明朝　明日　未明　夜明け

明朝

例 明朝には、いとこが遊びに来る。

意味❷ あかるい。

明暗　明月　透明

例 絵に明暗をつける。

意味❸ あかり。

照明　雪明かり

例 部屋の照明をつける。

意味❹ あきらか。

明確　明記　説明

例 明確な指示を出す。

開ける

例 海に面した窓を開ける。

「窓を開ける」は、「窓を開く」ともいえるね。「ひらく」も「開」を使うよ。

3年

開

意味 1 閉じていたものをひらく。

開店　開場　開花　開放　満開

開店

例 駅前のケーキ屋さんは、朝十時に開店する。

意味 2 始める。始まる。

開会　開演　開始

例 オリンピックが開会する。

意味 3 切りひらく。

開発　未開

例 新しい薬を開発する。

たぬぴよの漢字なるほど教室

同じ訓読みの異なる漢字【同訓異字】

「同訓異字」とは、同じ訓読みをもつ異なる漢字のことです。たとえば、「会」「合」「遭」という三つの漢字は、どれも「あ-う」という訓読みをもつ同訓異字です。

もともと日本語で「あう」という一つのことばで表していた事がらを、中国語では「会」「合」「遭」と区別して書き表していました。

そのため、中国から伝わった「会」「合」「遭」という漢字に日本語を当てはめたところ、どれも「あう」という同じ訓読みになったのです。

トライ! の答え：開

熟語で使い分けがわかる！

あげる 上 挙 揚

上げる

例 たんすの上に荷物を上げる。

例 自転車のスピードを上げる。

例 満足な成果を上げる。

練習をして「うで前を上げる」ことを「上達」というよ。物や値段、地位、程度などが下から「上」へ動くときには「上げる」「上がる」を使うんだね。

挙げる

例 手を挙げて、意見を述べる。

例 全力を挙げて取り組む。

「手を挙げる」⇐「挙手」と言いかえられるね。だから、「挙げる」を使うんだね！

上（1年）

意味1 下からうえへ動く。程度や段階が進む。

上達　上陸　逆上　向上

上達

例 特訓のおかげで、ピアノのうでが上達する。

意味2 うえ。うえのほう。

上位　頂上　上着

例 大会で上位に食いこむ。

意味3 よい。すぐれる。

上出来　上等

例 この作品は上出来だ。

↓のぼる　50ページ

トライ！

結婚式をあげる。「あげる」は「上」「挙」「揚」どれ？

→答えは左下

挙（4年）

意味1 わかりやすく示す。

挙手　列挙　選挙

挙手

例 賛成の人は、挙手をしてください。

意味2 とり行う。ふるまう。

快挙　挙式　挙動

例 記録更新の快挙を成しとげる。

意味3 こぞって。残らず。

大挙

例 観光客が大挙しておしかける。

揚げる

例 川原でたこを揚げる。

例 積み荷を陸へ揚げる。

「掲揚」は「掲げて揚げる」ことだよ。たこや旗を「あげる」ときや、船から荷物を陸へ「あげる」ときには、「揚げる」を使うよ。

中学

揚

意味❶ 高くあげる。

掲揚　揚力　揚々　高揚　抑揚

掲揚

例 国旗を掲揚する。

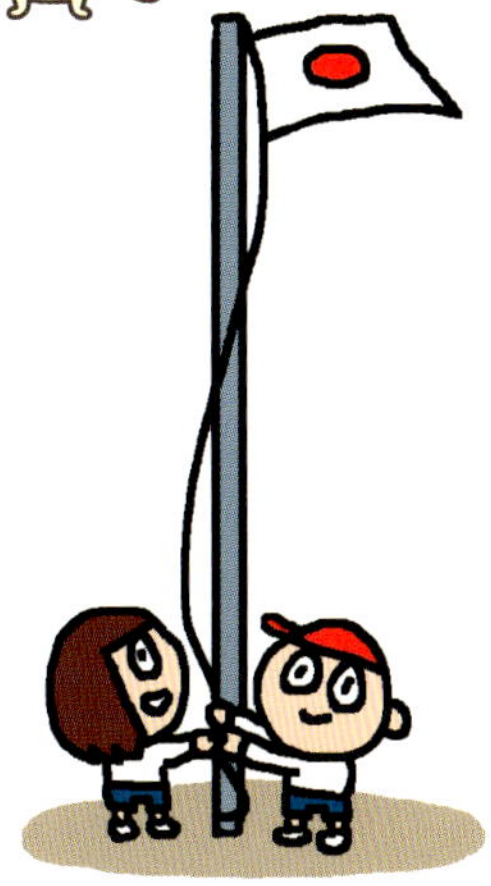

意味❷ 熱い油で料理する。

揚げ物　空揚げ

例 ぼくは揚げ物が好きだ。

「揚げる」は、「エビフライを揚げる。」のように高温の油で料理するという意味でも使うよ。

たぬぴよの
漢字なるほど教室

「岡」のつく都道府県はいくつ？

「おか」と読む漢字には「丘」と「岡」があります。どちらも、小高い所という意味をもっています。「丘」は、「丘に登る」「砂丘」「丘陵地帯」などのように使うほか、地名では「緑が丘」「富士見が丘」のように使います。いっぽう、「岡」は「岡山」「岡田」など、地名や人名に使う以外にはあまり使うことのない漢字です。

都道府県の中には「岡」がつく県が三つあります。しかし、「丘」がつくものは一つもないので、書くときには注意しましょう。

岡山県

▶桃太郎

静岡県

▶茶畑

福岡県

▶明太子

トライ!の答え：挙

熟語で使い分けがわかる！

あし 足 脚

足

例 足に合うくつをはく。

例 中村さんは足が速い。

「足首」「手足」の「足」は、ふつう人間の「あし」のことだね。「足」は主に人間に使うんだ。

脚

例 テーブルの脚を修理する。

「脚立」の下で支えている部分を「脚」というね。「脚」は主に物や動物に使うんだ。

1年

足

意味1 体のももから下の部分。また、とくにあし首から先の部分。

足首　手足　土足

足首

例 転んで足首をねんざする。

中学

脚

意味1 物の下の部分。また、物の下につき出て全体を支える部分。

脚立　三脚　橋脚　脚注　脚本

脚立

例 脚立に乗って、電球をかえる。

トライ！ はしごのあしをおさえる。「あし」は「足」「脚」どっち？

↓答えは左下

意味2 歩く。歩み。

遠足　足早

例 遠足の計画を立てる。

意味3 たりている。

満足　不足

例 結果に満足する。

意味4 たす。

補足　足し算

例 友人の説明を補足する。

人間のあしを表すのに「脚」を使うこともあるよ。その場合は足首から先の部分は「足」、ももから下のあし全体のことは「脚」と使い分けることが多いよ。

意味2 体のももから下の部分。歩くこと。

脚力　健脚

例 脚力をきたえる。

トライ！の答え：脚

熟語で使い分けがわかる！

あたたかい 温 暖

温かい

例 温かいスープを飲む。

「温水」は「温かい水」のことだね。「温かい」は、物や心のあたたかさに使うよ。反対のことばは「冷たい」だね。

3年 温

意味1 冷たくなくて、温度がほどよい。あたたかさ。

温水 温泉 温室 体温

温水
例 温水プールで泳ぐ。

意味2 おだやか。やさしい。

温厚 温情 温和

例 祖父は温厚な性格だ。

意味3 大切にする。

温存

例 エースを温存する。

暖かい

例 暖かい部屋でくつろぐ。

「暖色」は「暖かい感じのする色」、「暖冬」は「平年より暖かい冬」という意味。「暖かい」は、まわりの空気のあたたかさに使うよ。反対のことばは「寒い」だね。

6年 暖

意味1 寒くなくて、気温がほどよい。

暖色 暖冬 暖流 寒暖

暖色
例 暖色の洋服を好んで着る。

「温かい空気」のように、心のやさしさなどをたとえて表すのにも「温」を使うよ。「暖」を使った「暖かい空気」は、気温や室温が高いことを表すね。

意味2 あたためる。

暖炉 暖房

例 暖炉に火をともす。

トライ！ あたたかい水で顔を洗う。「あたたかい」は「温」「暖」どっち？ →答えは左下

トライ！の答え：温

熟語で使い分けがわかる！

あつい　暑　熱

暑い

例 暑い日に食べるアイスクリームは、とてもおいしい。

「避暑」は、「暑さを避ける」ことだね。気温の高さを体で感じるときに「暑い」を使うよ。

3年　暑

意味 気温が高い。

避暑　残暑　暑中見舞い　暑気

避暑

例 高原へ避暑に出かける。

熱い

例 熱いお湯を急須に注ぐ。

例 感動で胸が熱くなる。

「熱い湯」⇦「熱湯」と言いかえられるね。「熱い」は、物の温度が高いときや心が燃えるように感じたときに使うよ。

4年　熱

意味❶ 温度が高い。

熱湯　熱気　熱風

熱湯

例 熱湯を湯たんぽに注ぐ。

意味❷ 体温。病気などで体温が上がる。

発熱　平熱　解熱

例 かぜで発熱する。

意味❸ 夢中になる。

熱中　熱意　情熱

例 ゲームに熱中する。

トライ！
あつい声援を送る。
「あつい」は「暑」「熱」どっち？
→答えは左下

トライ！の答え：熱

熟語で使い分けがわかる！

あらい 荒 粗

トライ！
編み目があらい。
「あらい」は「荒」「粗」どっち？
→答えは左下

荒い

例 台風が接近していて、波が荒い。

例 ことばづかいが荒い。

「波が荒い」⇒「荒波」と言いかえられるね。勢いが激しいときは「荒い」を使うんだよ。

中学 荒

意味1 あらあらしい。勢いが激しい。

荒波　荒海　荒天　手荒い

荒波
例 荒波で船が欠航した。

意味2 あれ果てる。土地があれ、穀物が実らない。

荒野

例 山すそに広がる荒野。

粗い

例 目の粗いあみで魚をすくう。

例 旅行の計画が粗い。

「粗雑」は、「粗くて雑」なことだよ。おおざっぱなことを表すには「粗」が当てはまるよ。

中学 粗

意味1 細かくない。おおまか。いいかげん。

粗雑　粗大　粗悪　粗末　粗筋

粗雑
例 仕事は速いが、仕上がりが粗雑だ。

意味2 人に差し出した物をけんそんして表すことば。

粗品　粗茶

例 粗品ですが、お納めください。

「粗い」を使うのは、すき間があるときや、物事の質ややり方がおおまかでいいかげんなときだね。

トライ！の答え：粗

熟語で使い分けがわかる！

あらわす　表　現　著

表す

例 受賞の喜びを顔に表す。

例 人数をグラフで表す。

「感情が顔に表れた様子」を「表情」というね。気持ちなどを表に「あらわす」ときは、「表す」を使うよ。

現す

例 水平線から船が姿を現す。

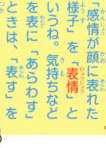

「出現」は、「現れ出る」ことだよ。だから、姿を見える所に「あらわす」ときは、「現す」と書くよ。

表（3年）

意味1 おもてに出して明らかにする。

表情　表記　表明　公表　発表

表情

例 妹は悲しそうな表情をうかべた。

現（5年）

意味1 かくれていたものを、見えるようにする。

出現　実現　再現　現象　現像

出現

例 空に大きなにじが出現する。

トライ！

「月が姿をあらわす。」の「あらわす」は「表」「現」「著」どれ？

→答えは左下

意味2 外にあらわれている面。

表紙　表面　地表

例 雑誌の表紙をめくる。

意味3 見やすいように整理して書きあらわしたもの。

時刻表　年表

例 時刻表で発車時刻を調べる。

「表」と「現」を合わせた「表現」は、思ったことや感じたことを、ことば・音楽・絵・身ぶりなどで示すことだよ。

意味2 今、目の前にある。

現金　現代　現場

例 現金で支はらう。

6年

著

意味1 書きあらわす。書かれた本。

著者　著作　著述　名著

意味2 目立つ。明らかである。

著名　顕著

例 著名な音楽家に会う。

著す

例 自分の体験を本に著す。

「著者」は、「本を書いた人」のことだね。だから、文章を書くことの「あらわす」は「著す」を使うんだよ！

◎著者

例 話題の本の著者にサインをもらう。

「著者」は書物を書いた人を広く指していうよ。また、「作者」は文学作品を書いた人、「筆者」はエッセイや論文など、自分の考えを述べた文章を書いた人によく用いられるよ。

たぬぴよの漢字なるほど教室

いろいろな意味をもつ漢字

漢字は一字一字が意味をもっています。一つの漢字がもつ意味は、一つとは限りません。

たとえば、「空」という漢字は、「頭上に広がるそら。」という意味のほか、「あいている。から。」「うそ。そらごと。」など複数の意味をもっています。

「空」という漢字は、それぞれの意味ごとに下のような熟語を作ります。熟語の意味を考えるときは、漢字がどのような意味で用いられているかに注意しましょう。

↓「空」12ページ

意味1 頭上に広がるそら。

青空

意味2 あいている。から。

空席

意味3 うそ。そらごと。

空想

意味4 役に立たない。むだ。

空論　空回り

トライ！の答え：現

熟語と訓読みで使い分けがわかる！

いたむ 傷 痛

トライ！
朝から頭がいたむ。「いたむ」は「傷」「痛」どっち？
→答えは左下

傷む

例 モモが傷んでしまった。

例 毎日の練習でくつが傷む。

「傷」は「傷」とも読むから、「傷がついたりして悪くなる」ことは、「傷む」と書くんだよ。「傷を負う」ことを「負傷」ともいうね。

傷（6年）

意味❶ きず。けが。
負傷　傷口　生傷　傷病　軽傷

負傷
例 試合で指を負傷する。

痛む

例 おなかがきりきりと痛む。

例 映画の悲しい結末に、胸が痛む。

「おなかが痛む」とは、「おなかが痛い」こと。だから「痛む」を使うんだ。痛くて苦しいことを、「苦痛」ともいうね。

痛（6年）

意味❶ 体にいたみを感じる。
苦痛　頭痛　腹痛　激痛

苦痛
例 正座を長時間続けるのは苦痛だ。

傷

意味❷ きずつける。
損傷　傷害　中傷
例 機械が損傷する。

意味❸ 心をいためる。悲しむ。
感傷　傷心
例 夕焼けを見て感傷にひたる。

「傷む」は傷がついたときに、「痛む」は痛みを感じるときに使うよ。

痛

意味❷ 心にいたみを感じる。
悲痛　心痛
例 子ねこの悲痛な鳴き声が聞こえる。

意味❸ ひどく。とても。
痛快　痛切　痛感
例 逆転ホームランを打ち、痛快な気分だ。

トライ！の答え：痛

熟語で使い分けがわかる!

うつす　写　映

トライ!
手本を書きうつす。
「うつす」は「写」「映」どっち?
↓答えは左下

写す

例『枕草子』の冒頭をノートに写す。

例 カメラでペンギンを写す。

「書写」は「書き写す」ことといえるね。見本となるものを見て「写す」ことを表すんだ。

3年　写

意味❶ 字や絵をかきうつす。

書写　描写　写生　写本　模写

書写
例 書写の授業で、毛筆の練習をする。

意味❷ 映画や写真をとる。

写真　実写　接写

例 遠足で記念写真をとる。

映す

例 パンダの画像をスクリーンに映す。

例 この曲は時代を映している。

「フィルムなどの画像をスクリーンに映したもの」が「映画」だね。だから、「スクリーンにうつす」は、「映す」を使うよ!

6年　映

意味❶ 画面に表す。姿や形が現れるようにする。

映画　映像　上映　放映

映画
例 兄と映画館に行く。

意味❷ 照りかがやく。色があざやかに見える。

夕映え
例 夕映えの空が美しい。

意味❸ えいきょうする。他のものの上に表す。

反映
例 友達の意見を計画に反映する。

トライ! の答え：写

熟語で使い分けがわかる！

おさめる 治 修 収 納

トライ！
税金をおさめる。
「おさめる」は「治」「修」「収」「納」どれ？
→答えは左下

治める

例 王様が国を治める。

「国を治める」←「政治」のことだから、「治める」を使うんだよ！

4年 治

意味1 整える。平和になる。

政治　治安　治水　自治

◎ **政治**

例 政治家の街頭演説を聞く。

意味2 病気をなおす。

治療　治癒　完治

例 虫歯の治療を受ける。

↓なおす　46ページ

修める

例 姉は大学で経済学を修めた。

「修学」は「学問を修める」ことだよ。だから、学んで身につけることには「修める」を使うんだ。「修学旅行」は、学びのための旅行なんだよ。

5年 修

意味1 学んで身につける。

修学　修行　研修　修了

◎ **修学**

例 修学旅行の行き先について調べる。

意味2 直す。正しくする。

修理　修正　修復

例 犬小屋の修理をする。

意味3 かざる。

修飾　修辞

例 名詞を修飾することば。

収める

例 書類を箱に収める。

例 発表会で成功を収める。

人や物などを「中に入れて収める」ことを「収容」というね。何かをしまったり自分のものにしたりするときには「収める」を使うよ。

納める

例 工芸品を店に納める。

「品物を納める」←「納品」と言いかえられるね。だから、この「おさめる」は「納」を使うんだ。

収（6年）

意味1 中にしまう。取り入れる。

収容　収穫　収集　回収　吸収

収容

例 この会場は千人の観客を収容できる。

納（6年）

意味1 相手にわたす。引きわたす。

納品　納税　納期　納入

納品

例 注文した商品が納品された。

意味2 手に入れる。

収入　収支　収益

例 臨時に収入を得る。

意味3 ちぢむ。

収縮

例 うでの筋肉が収縮する。

意味4 まとめる。しずめる。

収束

例 争いごとが収束する。

意味2 受け入れる。

納得

例 兄の意見に納得する。

意味3 しまいこむ。おさまる。

納屋　納戸　格納

例 農具を納屋にしまう。

トライ！の答え：納

熟語で使い分けがわかる！

おす 推 押

トライ！
彼女をクラスの代表におす。「おす」は「推」「押」どっち？
→答えは左下

推す

例 彼を学級委員に推す。

「学級委員に推す」←「推薦」のことだね。だから、何かを人にすすめるときは「推す」を使うよ。

押す

例 申込書に印鑑を押す。

例 ドアを押して中へ入る。
例 けがを押して試合に出る。

「押印」は「印鑑を押す」ことだね。ある方向へ力を加えるときは「押す」を使うよ。

6年

推

意味1 優れたものとして、人にすすめる。

推薦　推奨　推挙

推薦
例 図書館で推薦図書を借りる。

意味2 物事をどんどん進める。

推進　推移

例 計画を推進する。

意味3 こうだろうと考える。

推測　推理　推量

例 手がかりから答えを推測する。

中学

押

意味1 上や横から、手で力を加える。

押印　押し花　押捺

押印
例 名前の横に押印する。

意味2 力でおさえる。むりやりする。

押収　押し通す

例 警察が書類を押収する。

「押収」は、警察などが、証拠の品などを取り上げることだよ。

トライ！の答え：推

熟語や訓読みで使い分けがわかる！

おりる　下　降

トライ！
バスからおりる。「おりる」は「下」「降」どっち？
→答えは左下

下りる

例 石段をゆっくりと下りる。

例 施設を使用する許可が下りる。

「山をおりる」ことは、「山を下る」とも「下山」ともいえるね。だから、「下りる」と書くんだね！

1年　下

意味1 上からしたへ動く。
下山　落下　下り坂

◎**下山**
例 一列に並んで下山する。

意味2 したのほうの部分。
川下　地下　下段
例 川下に橋が見える。

意味3 身分や値打ちが低い。
下級生　下品
例 下級生の世話をする。

意味4 ある範囲にふくまれる。
県下　法の下
例 県下の小学校数を調べる。

降りる

例 飛行機から乗客が降りる。

例 劇の主役を降りる。

「乗降」は「乗ったり降りたりする」こと。「乗り物やある地位からおりる」ときには、「降りる」を使うことが多いよ。

6年　降

意味1 乗り物から外に出る。
乗降　降車

◎**乗降**
例 電車の乗降口が開く。

意味2 高い所から低い所へ移る。退く。
滑降　降下　降板
例 斜面をスキーで滑降する。

意味3 ふる。
降水量　降雨
例 降水量を調べる。

意味4 敵に負けて従う。
降参　降伏
例 相手チームのあまりの強さに降参する。

トライ！の答え：降

熟語で使い分けがわかる！

かえる

代　変　換　替

トライ！
明日の予定をかえる。
「かえる」は「代」「変」「換」「替」どれ？
↓答えは左下

代える

例　試合の途中で投手を代える。

「代役」は、「ある人の役割を別の人がする」ことだね。何かのかわりをさせるときは、「代える」を使うよ。

3年
代

意味1　かわりをさせる。

代役　代打　代筆　代表　代理

代役
例　休んだ友達の代役を務める。

意味2　品物のかわりに支はらうお金。

代金　飲食代

例　本の代金をはらう。

意味3　うつりかわる時間の中で、一定の期間。

時代　年代　世代

例　江戸時代について学ぶ。

変える

例　雲が次々と形を変える。

例　家具の配置を変える。

「変身」は「他のものに身体を変える」ことだね。前とはちがったものにするときには「変える」を使うんだ。

4年
変

意味1　前とちがった状態にする。

変身　変形　変化　変更　不変

変身
例　主人公がヒーローに変身する。

意味2　かわった出来事。

異変　政変　事変

例　周囲に異変を知らせる。

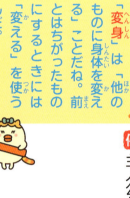

意味3　あやしいこと。ふつうとちがう様子。

変調　変則

例　体の変調をうったえる。

換える

例 弁当のおかずを取り換える。

「換気」は「部屋の中と外の空気を取り換える」ことを表すね。「換える」は、あるものを別のものと交換するときに使うよ。

中学

換

意味 他のものと取りかえる。

換気　交換　換金　変換　転換

換気

例 窓を開けて換気する。

替える

例 リモコンの電池を替える。

「交互に入れ替わる」ことを「交替」というね。「替える」は、前のものをやめて、新しいものにすることだよ。「交代」とも書くことがあるよ。

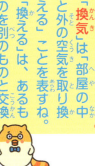

中学

替

意味 前のものを別の新しいものにする。

交替　両替　振替　替え歌

交替

例 兄と交替で、犬の散歩をする。

「取りかえる」は、意味によって「取り換える」とも「取り替える」とも書くことがあるよ。

トライ！の答え：変

熟語で使い分けがわかる！

さす

指　差　刺　挿

指す

例 授業で先生が木村君を指した。

「指す」は、指などで事物や方向などをはっきりと示すときに使うよ。「指名」は、この人だと決めて「名前を指し示す」ことだね。

指 3年

意味1 さし示す。

指名　指揮　指図　指示　指導

指名

例 記録係に指名される。

意味2 ゆび。

指先　指輪　指紋

例 指先でギターの弦をおさえる。

トライ！

方位磁針が北をさす。「さす」は「指」「差」「刺」「挿」どれ？

→答えは左下

差す

例 教室に日が差す。

「差す」は、「差」という漢字のもつ意味からはなれて、いろいろな意味で用いられているよ。

差 4年

例 かさを差す。

例 刀を差す。

例 目薬を差す。

例 いやけが差す。

意味1 ちがう。ちがい。

大差　差異　差別

例 大差をつけて勝利を収める。

意味2 さし引いた残り。

差額　時差

例 差額が返金される。

刺す

例 肉をくしに刺して焼く。

例 つんと鼻を刺すにおい。

例 親友のひと言が胸を刺した。

とがったもので刺されたような強い感じを「刺激」というよ。物をついたり痛みをあたえたりする「さす」には、「刺す」を使うよ。

中学

刺

意味 ❶ とがったものでつく。体や心にするどい痛みを感じさせる。

刺激　刺客　刺しゅう　風刺

刺激

例 足の裏のつぼを刺激する。

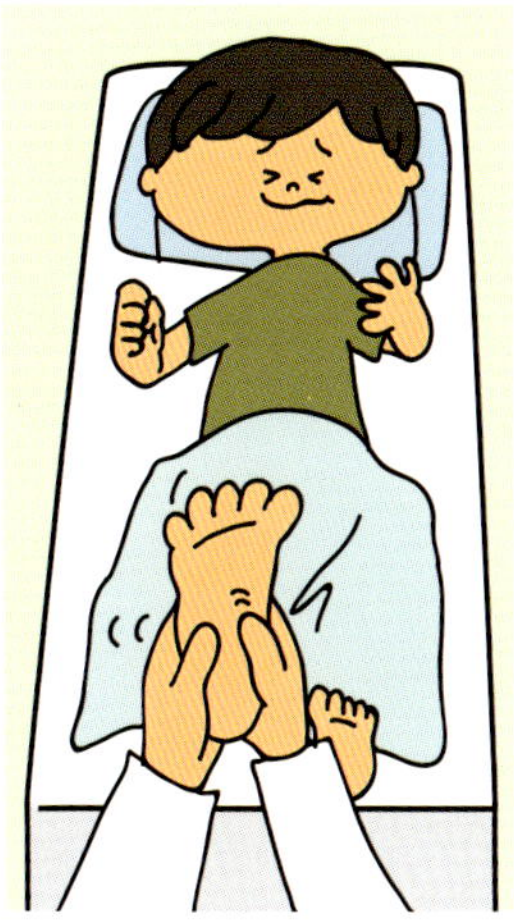

意味 ❷ とげ。はり。

有刺鉄線

例 有刺鉄線をはりめぐらせる。

意味 ❸ 名札。

名刺

例 名刺を交換する。

「陸上選手の話に刺激を受ける。」のように、心にひびくことをたとえていうこともあるね。

挿す

例 花瓶にたくさんのバラを挿す。

例 結った髪にかんざしを挿す。

「挿絵」は、「本に挿しこまれた絵」のことだね。物の間に何かをはさみ入れるときに「挿す」を使うんだ。

中学

挿

意味 さしはさむ。中にさし入れる。

挿絵　挿し木　挿入　挿話

挿絵

例 美しい挿絵をながめる。

トライ！の答え：指

熟語や訓読みで使い分けがわかる!

さめる 覚 冷

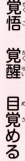

トライ!
料理がさめる前に食べる。
「さめる」は「覚」「冷」どっち?
↓答えは左下

覚める

例 白雪姫がねむりから覚める。

例 友達の助言で迷いから覚める。

「自覚」は「自分の立場に目覚める」こと。何かに気づいたり感じるようになったりするときに、「覚」を使うよ。

冷める

例 ふろの湯が冷める。

例 観客の興奮が冷める。

「湯がさめる」というのは、「冷たくなる」「冷える」ともいえるね。だから、「冷める」と書くんだよ。食品などを冷やしておくことを「冷蔵」というね。

覚 （4年）

意味1 目がさめる。気がつく。さとる。

自覚　覚悟　覚醒　目覚める

自覚
例 六年生の立場を自覚する。

意味2 おぼえる。感じる。

感覚　味覚　知覚

例 指先の感覚がまひする。

意味3 あらわれる。

発覚

例 問題が発覚した。

冷 （4年）

意味1 つめたい。温度が下がる。

冷蔵　冷水　冷気　冷夏　寒冷

冷蔵
例 冷蔵庫から牛乳を取り出す。

意味2 気持ちがつめたい。

冷血　冷笑　冷淡

例 彼は冷血な人間ではない。

意味3 落ち着いている。

冷静

例 冷静に判断する。

高まっていた気持ちが静まるときも「冷める」というね。

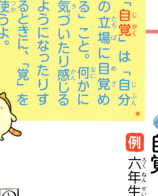

トライ!の答え：冷

熟語で使い分けがわかる！

そう

沿　添

トライ！

岸にそって歩く。「そう」は「沿」「添」どっち？

↓答えは左下

沿　6年

意味　流れや道、決まりなどからはなれないようにする。

沿道　沿海　沿岸　沿線

沿道

例　沿道でマラソン選手を応援する。

沿う

例　桜の木が、道に沿って植えられている。

例　計画に沿って準備を進める。

「沿道」は、「道に沿った所」のことだね。道のように長く続いているものや、基準となるものからはなれずに進むときには、「沿う」を使うよ。

添　中学

意味❶　そばについている。つきしたがう。

添乗　つき添う

意味❷　つけ加える。

添付　添加　添削

例　電子メールに画像を添付する。

添乗

例　修学旅行に添乗員さんが同行する。

添う

例　元気のない友達に寄り添う。

「添乗員」は、旅行についていき、世話をする係のことだよ。そばについているときや、相手の気持ちに合わせるときには、「添う」を使うんだ。

トライ！の答え：沿

熟語や訓読みで使い分けがわかる！

たずねる 訪 尋

トライ！
観光名所をたずねる。
「たずねる」は「訪」「尋」どっち？
↓答えは左下

訪ねる

例 友達の家を訪ねる。

「家を訪ねる」←「訪問」だから、人の家や、ある場所に行くときは、「訪ねる」を使うよ。「訪れる」ともいうね。

6年

訪

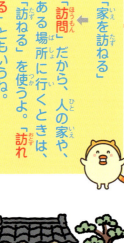

意味 人の家やある場所をたずねて行く。おとずれる。

訪問　探訪　来訪　歴訪

訪問
例 地域の史跡を訪問する。

中学

尋

意味1 わからないことを人にきく。質問する。

尋問　尋ね人

尋問
例 警察官が尋問する。

「尋問」は、事情を問いただすことだよ。

意味2 ふつう。

尋常

例 今年の暑さは、尋常ではない。

尋ねる

例 疑問に思ったことを先生に尋ねる。

例 いなくなった犬を尋ねて歩く。

「尋問」は、事情などを「尋ねて問う」こと。「尋ねる」は、わからないことを人に質問することだよ。

トライ！の答え：訪

熟語で使い分けがわかる！

たつ 立 建

トライ！
博物館がたつ。
「たつ」は「立」「建」どっち？
→答えは左下

立つ

例 黒板の前に立つ。

例 大きな木が立っている。

「座っていた人が立つ」⇐「起立」だから、まっすぐに体を起こすときには、「立つ」を使うんだよ。

1年
立

意味1 縦にまっすぐに起こす。
起立　直立　立像

起立
例 先生の合図で起立する。

意味2 成りたつ。
成立　確立　立証
例 取り決めが成立する。

意味3 決める。定める。つくる。
設立　創立　立法
例 学校を設立する。

意味4 その季節になる。
立春　立夏　立冬
例 立春は節分の次の日だ。

建つ

例 駅前に大きなビルが建つ。

「建設」は「ビルなどの設備を建てる」ことだね。だから、建物についていうときには「建」が当てはまるよ。

4年
建

意味1 建物をたてる。
建設　建築　建造　再建　建立

建設
例 この場所には、図書館が建設される予定だ。

意味2 新しくつくる。
建国　創建
例 今日は建国記念の日だ。

トライ！の答え：建

熟語で使い分けがわかる！

たつ 絶 断 裁

トライ！
一切の交流をたつ。「たつ」は「絶」「断」「裁」どれ？
→答えは左下

絶つ

例 一切の連絡を絶って、執筆に没頭する。

一度出版した本を、ある時から印刷・発行しなくなるのが「絶版」だね。「絶つ」は、続いていたものをそれ以上続けずに終わりにすることだよ。

5年 絶

意味1 つながりを切る。やめる。なくなる。
絶版　絶交　絶食　絶滅　気絶

絶版
例 絶版になった本を偶然に手に入れる。

意味2 きわめて。ひじょうに。
絶好　絶賛　絶大
例 絶好の機会にめぐまれる。

意味3 へだたる。へだてる。
絶海　拒絶　隔絶
例 絶海の孤島。

永久にやめるときは「絶つ」、一時的にやめるときは「断つ」を使うことが多いよ。「関係をたつ」などは、文脈によって「絶つ」と「断つ」のどちらも当てはまるよ。

断つ

例 長いロープを均等に断つ。

例 大好きなあまいものを断つ。

「切断」は、「断ち切る」ことだよ。だから、ひもなどのつながっているものを切りはなすときは、「断つ」を使うよ。

5年 断

意味1 切りはなす。
切断　断面　断続　断片

切断
例 ひもをはさみで切断する。

意味2 思い切ってする。
決断　断言　断定
例 遠足の中止を決断する。

意味3 ことわる。
無断
例 姉の服を無断で借りる。

裁つ

例 型紙に合わせて布を裁つ。

「裁縫」は、「布を裁って縫う」こと。「裁」は、「衣（ころも・ぬの）」と「𢦏（たち切る）」とを組み合わせた字で、布を切ることを表すんだ。

6年

裁

意味① 布をたち切る。

裁縫　裁断　洋裁　和裁

裁縫

例 姉は裁縫が得意だ。

意味② さばく。さばき。

仲裁　裁判　決裁

例 けんかの仲裁をする。

意味③ 姿や形。様子。

体裁

例 資料の体裁を整える。

たぬぴよの漢字なるほど教室

熟語の組み立て①

二字の漢字からできている熟語には、似た意味の漢字を組み合わせたものがあります。たとえば、「救助」は、どちらも「たすける」という意味をもつ「救」と「助」を組み合わせた熟語です。

熟語を作っている二字の漢字の関係がわかると、熟語の意味がとらえやすくなるよ。

救＋助 → 救助

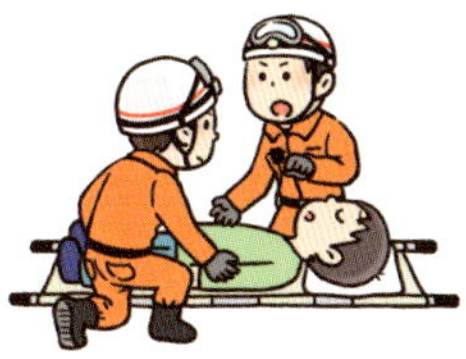

絵＋画 → 絵画

トライ！の答え：絶

熟語で使い分けがわかる!

つく
着 付 就

トライ!
列車が目的地につく。「つく」は「着」「付」「就」どれ?
→答えは左下

着く

例 全員が席に着く。

例 電車が駅に着く。

「着陸」は、「陸上に到着する」こと。ある場所に「つく」ときには「着く」を使うよ。「席に着く」も「着席」と言いかえられるね。

付く

例 手に絵の具が付く。

「付録」は、本などにおまけでついているものだね。何かにはなれずにくっついているときの「つく」は、「付く」だよ。平仮名で書くことが多いんだ。

3年 着

意味1 ある場所に行きつく。

着陸　着席　到着　発着　着信

着陸
例 飛行機が空港に着陸した。

意味2 ぴったりとつく。

接着　密着　着目

例 接着剤で板をつなぎ合わせる。

意味3 服などを身につける。

着物　上着　着衣

例 着物を仕立てる。

意味4 決まる。落ちつく。

決着　落着　着実

例 試合が決着する。

4年 付

意味1 くっつく。

付録　添付　付加　付属

付録
例 雑誌の付録を開封する。

意味2 あたえる。

寄付　交付　付与

例 図書館に本を寄付する。

就

6年

意味1 仕事や役目に身を置く。

就職　就任　就学　就航

◎**就職**

例 姉は百貨店に就職した。

意味2 取りかかる。

就寝　就業時間

例 昨日は九時に就寝した。

意味3 成しとげる。

成就

例 ついに願いが成就した。

就く

例 学級委員長の任に就く。

例 早めにねむりに就くよう心がける。

「就職」は、「職に就く」ことだから、役目や職業につくときには「就く」を使うよ。「任に就く」も「就任」と言いかえられるね。

たぬぴよの漢字なるほど教室

熟語の組み立て②

二字の漢字からできている熟語には、意味が対になる漢字を組み合わせたものもあります。たとえば、「明暗」は、「明るい」と「暗い」を組み合わせた熟語、「開閉」は、「開ける」と「閉める」を組み合わせた熟語です。

熟語を作っている二字の漢字の関係を考えるときは、それぞれの漢字の訓読みが手がかりになることもあるよ。

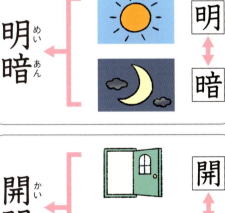

明 ↔ 暗 → 明暗

開 ↔ 閉 → 開閉

熟語で使い分けがわかる！

つとめる　努　務　勤

トライ！
応援団長をつとめる。
「つとめる」は「努」「務」「勤」どれ？
→答えは左下

努める

例 技術の向上に努める。

「努力」は、「力をつくして努める」ことだね。だから、「努力する」という意味の「つとめる」は「努める」と書くんだよ。

4年 努

意味 力をつくす。がんばる。

努力

努力
例 目標に向かって毎日努力する。

務める

例 リレーのアンカーを務める。

「任務」「義務」「業務」などは、全てしなくてはならない役目のことを表すね。「務める」は、役目を受けもつときに使うことばなんだよ。

5年 務

意味 しなければならない役目を果たす。仕事。

任務　義務　業務　公務　事務

任務
例 宇宙飛行士が、宇宙での任務をこなす。

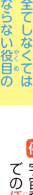

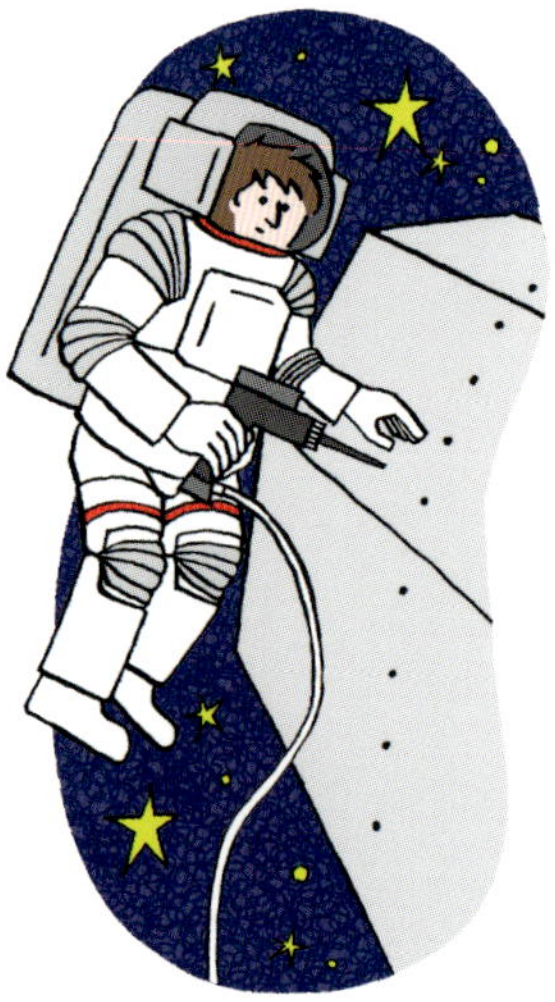

勤める

例 おじは市役所に勤めている。

「出勤」は、「勤めに出る」という意味だよ。会社などで仕事をすることを表すには「勤める」を使うよ。

6年

勤

意味❶ 職場に行って仕事をする。

出勤　通勤　転勤　勤続

◎出勤

例 兄は毎朝九時に出勤する。

意味❷ はげむ。

勤勉　勤労

例 勤勉な生活を送る。

たぬぴよの漢字なるほど教室

熟語の組み立て③

二字の漢字からできている熟語には、「海底」「鉄橋」のように上の漢字が下の漢字を修飾するものがあります。

また、「作曲」「乗馬」のように「――を」「――に」に当たる意味の漢字が下に来るものもあります。

熟語を作っている二字の漢字を上から下に読んだり、下の漢字に「を」や「に」をつけて下から上に読んだりすると、熟語の意味をつかむ手がかりの一つになります。

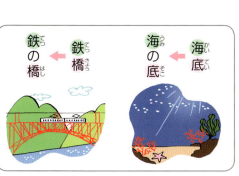

海底 ← 海の底

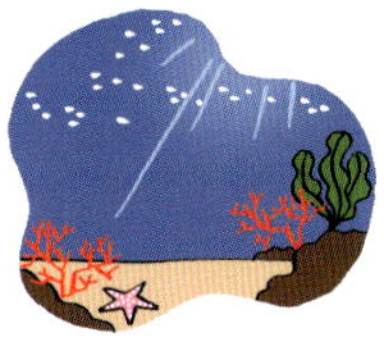

鉄橋 ← 鉄の橋

作曲 ← 曲を作る

乗馬 ← 馬に乗る

トライ! の答え：務

熟語で使い分けがわかる！

とぶ

飛

跳

飛ぶ

例 ツバメが空を飛ぶ。

例 学校から家へ飛んで帰る。

「空を飛ぶ」←「飛行」と言いかえられるね。空中を移動するときは「飛ぶ」を使うんだよ。

跳ぶ

例 カエルが跳んで岩に乗る。

跳びはねることを「跳躍」というね。「跳ぶ」は、地面をけってジャンプをするときに使うんだよ。

4年 飛

意味❶ 空中を進む。

飛行　飛来　飛翔

飛行

例 ヘリコプターが上空を飛行する。

意味❷ とび散る。高くとび上がる。

飛散　飛躍

例 花粉が飛散する。

意味❸ とぶように速い。

飛脚

例 江戸時代の飛脚。

中学 跳

意味 はねる。とび上がる。

跳躍　跳び箱　縄跳び

跳躍

例 跳躍力を生かして、アタックを決める。

トライ！

白鳥が湖にとんで来る。

「とぶ」は「飛」「跳」どっち？

↓答えは左下

トライ！の答え：飛

とめる 止 留

熟語で使い分けがわかる!

止める

例 作業の途中で手を止める。

「途中で止める」←「停止」のことで、動かない様子を表すね。だから、動きを「とめる」ことは「止める」と書くんだ。

2年

止

意味 1 一つのところを動かない。

停止　静止

停止

例 赤信号で停止する。

意味 2 やめる。やめさせる。

中止　休止　禁止

例 雨で試合が中止になる。

トライ! 家の前で車をとめる。「とめる」は「止」「留」どっち?

→答えは左下

「止める」「止まる」は、動いているものを動かなくすること、「留める」「留まる」は、ある一点からはなれない状態を続けることに使うよ。

「止める」は「やめる」、「留める」は「とどめる」に、それぞれ置きかえて考えるとわかりやすいね。

留める

例 絵を画びょうで留める。

例 先生のことばを心に留める。

「留学」は「外国にとどまって学ぶ」ことだよ。とどまってはなれないときは「留める」を使うんだね。

5年

留

意味 その場にとどまる。残る。

留学　留意　保留　残留　留守

留学

例 一年間、アメリカに留学する。

トライ! の答え：止

熟語で使い分けがわかる！

とる　取　採　撮　捕

取る

例 本を手に取る。

例 保育士の資格を取る。

「取得」は、「取って得る」ことだね。「手でつかんでとる」「自分のものにする」ときは、「取る」を使うよ。

3年

取

意味 自分のものにする。

取得　取捨　取材　先取

取得

例 兄が運転免許を取得する。

採る

例 昆虫を採って標本にする。

例 新入社員を採る。

「昆虫を採る」ことは「昆虫採集」と言いかえられるね。「集めてとる」ことには、「採る」を使うよ。

5年

採

意味 1 探して集める。とり入れる。

採集　採血　採光　採掘

採集

例 森で草花を採集する。

意味 2 選んでとり出す。

採用　採択

例 石川さんの提案を採用する。

「新入社員を採る」ことも、「採用」というね。

トライ！

山でキノコをとる。「とる」は「取」「採」「撮」「捕」どれ？

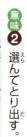

→答えは左下

撮る

例 旅行先で写真を撮る。

「写真を撮る」
⬅
「写真を撮影する」と言いかえられるね。だから、撮影するときの「とる」は、「撮る」になるよ。

中学

撮

意味 写真や映画をとる。

撮影　空撮

撮影

例 美しい景色を背景に、写真を撮影する。

捕る

例 川で魚を捕る。

例 野球で外野手がフライを捕る。

「生き物を捕る」
⬅
「捕獲」のことだね。つかまえる意味で使うのは「捕る」だよ。

中学

捕

意味 とらえる。つかまえる。

捕獲　捕手　逮捕　捕球

捕獲

例 山でイノシシを捕獲する。

「とる」には他に「執る」もあるよ。物事をとり行うという意味で、「事務を執る」「筆を執る」などのように使うよ。

トライ！の答え：採

熟語で使い分けがわかる！

なおす 直 治

トライ！
ひざのけがをなおす。「なおす」は「直」「治」どっち？
→答えは左下

直す

例 こわれたおもちゃを直す。

例 まちがえた字を直す。

「直」は、「直線」ということばからもわかるように、「まっすぐ」、「正しい」という意味を表すよ。こわれているものや、まちがっているものをよい状態にするときは、「直す」を使うよ。

治す

例 安静にしてかぜを治す。

「完治」は「完全に治る」ことだね。病気やけがをなおすときの「なおす」は、「治す」だよ。

2年 直

直線
例 ノートに直線を引く。

意味1 まっすぐにする。曲がっていない。
直線　直立　直行　直視　垂直

意味2 心がまっすぐな。
正直　率直　実直
例 失敗を正直に打ち明ける。

意味3 じかに。すぐに。
直接　直後　直通
例 相手に直接伝える。

意味4 番に当たる。
日直　当直　宿直
例 日直が号令をかける。

4年 治

完治
例 転んでできた傷が完治した。

意味1 体を元どおりの健康な状態にする。
完治　治療　全治　根治　治癒

意味2 おさめる。整える。
政治　自治　治安
例 国民のための政治。

↓おさめる　24ページ

トライ！の答え：治

熟語で使い分けがわかる!

なく 鳴 泣

鳴く

例 遠くにカラスの鳴く声が聞こえる。

おどろいたときなどに出るさけび声が「悲鳴」だね。「鳴く」は、音や声を出すときに使うよ。

泣く

例 映画に感動して泣く。

「号泣」の「号」はさけぶことを表す漢字。「号泣」は「大きな声を出して泣く」という意味の熟語だよ。

2年 鳴

意味1 声や音を出す。

悲鳴　鳴き声

悲鳴

例 お化け役におどろいて、悲鳴を上げる。

意味2 なる。なりひびく。

雷鳴　共鳴　鳴動

例 雷鳴がとどろく。

トライ!
悲しみに声を上げてなく。「なく」は「鳴」「泣」どっち?
↓答えは左下

4年 泣

意味 人が、感動や悲しみ、喜びなどで、なみだを流す。

号泣　感泣　泣き虫　泣き言

号泣

例 号泣する弟をなぐさめる。

「鳴」は、「鳥や動物、虫などが声や音を出してなく」という意味で、「泣」は、「人がなく、なみだを流す」という意味でよく用いられるよ。

トライ!の答え:泣

のぞむ 望 臨

トライ！
決戦の場にのぞむ。
「のぞむ」は「望」「臨」どっち？
→答えは左下

望む

例 屋上から富士山を望む。

例 人々の幸せを望む。

遠くの物が大きく見えるようにした装置を「望遠鏡」というよ。遠くの物を見たりながめたりするときは、「望む」を使うんだね。

臨む

例 海に臨むホテルにとまる。

「海に臨む」←「臨海」と言いかえられるね。目の前やそばを表すときは「臨む」を使うよ。

望（4年）

意味1 遠くをながめる。
望遠　展望　眺望　望郷

望遠
例 望遠鏡で星を観察する。

意味2 ねがう。
志望　願望　希望
例 アナウンサーを志望する。

意味3 人気。評判。
人望　羨望　失望
例 兄はクラスのみんなからの人望が厚い。

臨（6年）

意味1 目の前にする。そばにいる。
臨海　臨席　臨場感

臨海
例 臨海学校に参加する。

意味2 その時になる。
臨時　臨終　臨機応変
例 臨時に委員会を開く。

トライ！の答え：臨

熟語で使い分けがわかる！

のびる　延　伸

延びる

例 話し合いの時間が延びる。

例 高速道路がとなりの県まで延びる。

「時間が延びる」←「延長」のことだね。「延びる」は、時間やきょりがつけ足されて長くなるときに使うよ。

伸びる

例 アサガオのつるが伸びる。

例 国語の成績が伸びる。

「伸縮」は、「伸び縮みする」こと。「伸びる」は、ものの長さや高さが増したり、発達したりするときに使うよ。

延（6年）

意味❶ 時間やきょりが長くなる。広がる。

延長　延焼　延べ板　延べ棒

延長
例 激しい攻防の末、延長戦を制した。

意味❷ 先へのばす。

延期　順延　延滞

例 雨で運動会が延期になる。

トライ！
会議が十五分のびる。「のびる」は「延」「伸」どっち？
↓答えは左下

伸（中学）

意味❶ 長さや高さが増す。

伸縮　屈伸　背伸び

伸縮
例 この服の布地は、伸縮性がある。

意味❷ 申し述べる。

追伸

例 手紙に追伸をそえる。

トライ！の答え：延

熟語で使い分けがわかる！

のぼる 上 登 昇

トライ！

山頂を目指してのぼる。「のぼる」は「上」「登」「昇」どれ？

↓答えは左下

上る

例 境内に続く石段を走って上る。

例 サケが川を上る。

「浮上」は「浮き上がる」ことだね。「上る」は、下から上のほうに進むときに使うよ。

登る

例 今年の遠足で、高い山に登った。

「山に登る」←「登山」と言いかえられるね。山や木などに「のぼる」ときには「登る」を使うんだ。

1年 上

意味1 下からうえへ動く。程度や段階が進む。

浮上　上昇　向上　上達

浮上

例 クジラが海面へ浮上する。

意味2 うえ。うえのほう。

上空　屋上　川上

例 上空を飛行機が飛ぶ。

意味3 よい。すぐれる。

上等　上品　上質

例 上等なメロンをもらう。

↓あげる　14ページ

3年 登

意味1 木や山などの上のほうへ向かう。高い所へ上がる。

登山　登頂　登場　登壇

登山

例 登山の装備を整える。

意味2 出かける。行く。

登校　登庁

例 兄といっしょに登校する。

意味3 高い地位につく。

登用

例 優秀な人材を登用する。

意味4 書類に記す。

登録　登記

例 会員登録をする。

昇る

例 太陽が東の空に昇る。

例 社長の座に昇りつめる。

「昇降」は「昇る」ことと「降りる」こと。とくに空の高い所へ移動するときに「昇る」を使うよ。「天にも昇る気持ち」などの使い方もあるね。

中学

昇

意味❶ 空高く現れる。低い所から高い所へ移る。

昇降　昇天　上昇

昇降

例 昇降口でくつをはきかえる。

意味❷ 地位や給与などが高くなる。

昇格　昇進　昇級

例 補欠からレギュラーに昇格する。

「昇る」は「上る」と書き表すことも多いよ。

たぬぴよの漢字なるほど教室

「川」のつく都道府県はいくつ？

「川」と「河」は、どちらも水が流れる「かわ」を表しますが、一般的な「かわ」を示すときには、ふつう「川」を使います。「河」は、もともとは中国で「黄河」のことを指した、大きな川という意味を表した漢字です。

「川」のつく都道府県名は三つありますが、「河」のつくものはありません。

「川」や「河」のつく市町村名も探してみよう。

石川県

▶兼六園

香川県

▶讃岐うどん

神奈川県

▶鎌倉

トライ！の答え：登

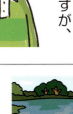

熟語で使い分けがわかる！

はかる

計 図 量 測

トライ！
マラソンのタイムをはかる。
「はかる」は「計」「図」「量」「測」どれ？
→答えは左下

計る

例 家から学校までの所要時間を計る。

「計算」「合計」「集計」などは、数を数えることに関係があるね。数や時間などを正確に調べるときは、「計る」を使うんだよ。

2年 計

意味1 数や時間を数える。

計算　合計　集計　統計　時計

計算
例 計算をして答えを出す。

意味2 はかりごと。

計画　計略　設計

例 旅行の計画を立てる。

意味3 数量をはかる器具。

温度計　体温計

例 温度計の目盛りを読む。

図る

例 地域の住民と交流を図る。

あることを行おうとするときのねらいのことを「意図」というね。物事を計画して行おうとするときには、「図る」を使うよ。

2年 図

意味1 くわだてる。工夫する。

意図　企図

意図
例 提案の意図を説明する。

意味2 物の形や地形をえがいたもの。

地図　図面　図形

例 世界地図を広げる。

量る

例 ふろ上がりに体重を量る。

「少量」は「少ない量」のこと。「量る」は、重さや入れ物に入る量などを調べることだよ。

4年

量

意味1 重さや大きさを調べる。また、調べた重さや大きさ。

少量　分量　重量

少量
例 肉に少量の塩をふる。

意味2 考える。おしはかる。

推量　裁量

例 相手の気持ちを推量する。

意味3 心や能力の大きさ。

力量　度量　器量

例 班長としての力量を見こむ。

「計」「量」「測」を組み合わせた「計測」「計量」「測量」ということばもあるね。

測る

例 保健室で身長を測る。

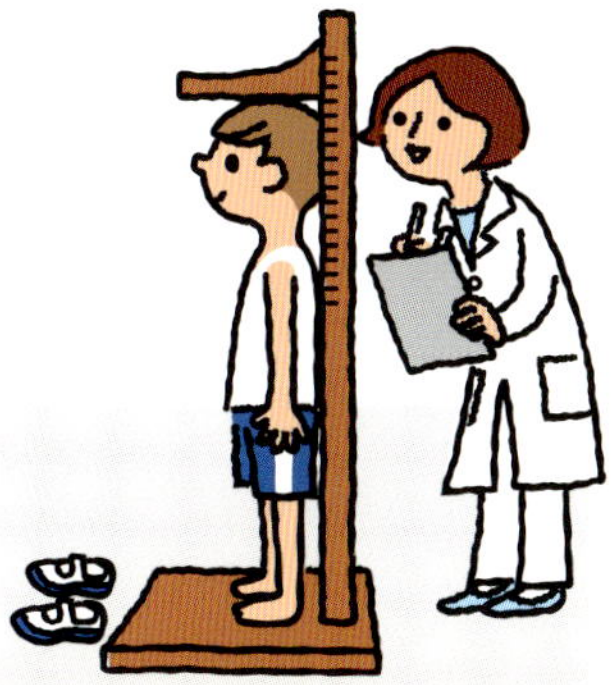

例 教室の広さを測る。

「身長を測る」
↑
「身長を測定する」ことだね。「測る」は、長さ、広さ、深さ、高さなどを調べるときに使うよ。

5年

測

意味1 機器や道具を使って、長さ、深さ、広さ、高さなどを調べる。

測定　観測　目測

測定
例 走り幅とびの記録を測定する。

意味2 おしはかる。予想する。

予測　推測　憶測

例 選挙の結果を予測する。

トライ！の答え：計

熟語で使い分けがわかる！

はじめ　始　初

トライ！
はじめからやり直す。
「はじめ」は「始」「初」どっち？
→答えは左下

始め

例 授業の始めを知らせるチャイムが鳴る。

例 人類の始めについて調べる。

「始業」は「授業や仕事などを始める」ことだよ。物事のスタートを表すときは、「始め」を使うんだね。

3年　始

意味❶ 新しく何かを行う。

始業　開始　始動　創始

始業

例 始業式に出席する。

意味❷ はじまり。おこり。

年始　原始　始終

例 年始のあいさつをする。

初め

例 夏の初めに海辺の町を訪れる。

例 曲の初めから演奏する。

「夏の初め」⇦「初夏」と言いかえられるね。前のほうの期間を表すときは、「初め」を使うよ。

4年　初

意味❶ 物事の最初のころ。

初夏　初期　当初　最初

初夏

例 初夏の日差しがまぶしい。

意味❷ 第一番の。新しく。

初雪　初日　初恋

例 今朝、初雪が降った。

意味❸ 新しくしはじめる。

書き初め　明け初める

例 正月に書き初めをする。

トライ！の答え：初

熟語で使い分けがわかる!

はやい 早 速

トライ！
投手がはやい球を投げる。「はやい」は「早」「速」どっち？
→答えは左下

早い

例 朝早く目が覚める。

「朝早い」←「早朝」と言いかえられるよ。だから、時間や時期のことをいうときは「早い」を使うんだ。

1年

早

意味1 基準となる時刻や時期よりも前。

早朝　早期　早春　早退

早朝
例 早朝に犬の散歩をする。

意味2 はやいこと。物事を急いでする。

早口　早急　早速

例 姉が早口で話す。

意味3 若い。

早熟　早世

例 早熟のミカンを食べる。

速い

例 弟は走るのが速い。

「速報」は「速く報じる」ことだね。物事の進む速度のことをいうときは「速い」を使うよ。

3年

速

意味1 動きがすみやかである。

速報　速球　高速　急速　速達

速報
例 選挙結果の速報が流れる。

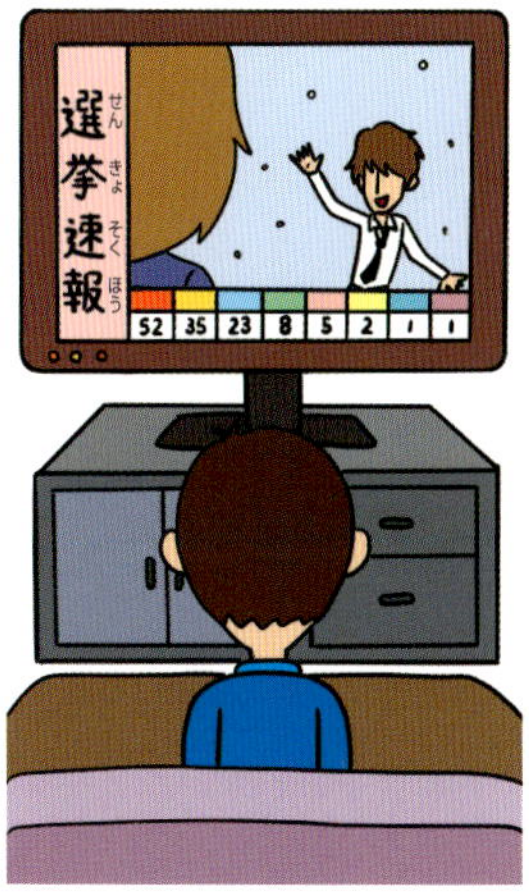

意味2 はやさ。

時速　速度　音速

例 時速二十キロメートルで進む。

トライ！の答え：速

熟語で使い分けがわかる!

まわり 回 周

トライ! 机のまわりに集まる。「まわり」は「回」「周」どっち?
→答えは左下

回り

例 グラウンドを二回りする。

「回り」は、「回転するように動く」ことを表すときに使うよ。

周り

例 友達と池の周りを歩く。

「池の周り」⇐「池の周囲」と言いかえられるね。だから、「周り」を使うんだよ。

2年 回

意味1 円をえがくように動く。

回転　回覧　旋回　巡回

回転

例 こまがくるくると回転する。

意味2 もどる。もどす。

回収　回復　回想

例 答案用紙を回収する。

意味3 物事の度数。

二回　回数　今回

例 同じ映画を二回見る。

「身の回り」「首回り」のように、何かの近辺やぐるりと取り囲んだあたりを表すのにも「回」を使うよ。

4年 周

意味1 物の外側や表面にそったところ。

周囲　周辺　円周　外周

周囲

例 家の周囲にへいをめぐらす。

意味2 広く行きわたる。

周知　周到

例 それは周知の事実だ。

意味3 めぐってくる。

周期

例 一定の周期でくり返す。

トライ! の答え：周

熟語で使い分けがわかる！

やさしい 易 優

トライ！
やさしい笑顔を向ける。「やさしい」は「易」「優」どっち？
↓答えは左下

易しい

例 だれにでも解ける易しい問題だ。

「易しい問題」←「容易な問題」と言いかえられるね。だから、たやすいという意味のときは「易しい」を使うよ。

5年

易

意味1 たやすい。
容易　安易　簡易　難易度

容易
例 この山は小さな子でも容易に登れる。

意味2 かえる。取りかえる。
貿易　交易
例 貿易によって利益を得る。

意味3 うらない。
易者　易学
例 易者に手相を見てもらう。

優しい

例 お年寄りに優しく接する。

「優美」は「上品で美しい様子」だね。「優」は、上品で美しいときや、親切で思いやりがあるときに使う漢字だよ。

6年

優

意味1 思いやりがある。しとやか。
優美　優雅

優美
例 バレリーナの優美なおどりに見とれる。

意味2 すぐれる。
優勝　優秀　優良
例 すもう大会で優勝する。

意味3 手厚い。
優待　優遇　優先
例 遊園地の優待券をもらう。

意味4 役者。
俳優　女優　声優
例 将来は俳優になりたい。

トライ！の答え：優

熟語で使い分けがわかる！

やぶれる　敗　破

敗れる

例 サッカーの決勝戦で敗れる。

「戦いに敗れる」←「敗戦」と言いかえられるね。試合などに負けたときの「やぶれる」は「敗れる」だよ。

破れる

例 ふくろの底が破れる。

例 大会連覇の夢が破れる。

「破裂」は「破れて裂ける」ことだね。これでだめになるときは、「破れる」を使うよ。

4年 敗

意味 1 負ける。

敗因　敗北　完敗　敗退　勝敗

敗因

例 練習不足が敗因の一つだ。

意味 2 しくじる。

失敗

例 失敗を次に生かす。

意味 3 物がだめになる。

腐敗

例 腐敗した食品を廃棄する。

相手を負かすことは「強敵を破る」のように、「破る」ともいうね。勝つことは「破る」、負けることは「敗れる」と書くよ。

5年 破

意味 1 こわれる。こわす。だめになる。

破裂　破損　破壊　突破　破談

破裂

例 持っていた風船が破裂する。

意味 2 成しとげる。し終わる。

読破　走破　踏破

例 長い小説を読破する。

意味 3 敵を負かす。

撃破　打破　論破

例 ライバルを撃破する。

トライ！

対戦相手にやぶれる。「やぶれる」は「敗」「破」どっち？

↓答えは左下

トライ！の答え：敗

小学校で学習する漢字

この本では、二〇二〇年度より実施される学習指導要領の学年別漢字配当表に合わせて、学年を表示しています。

常用漢字二一三六字のうち、小学校で学習する一〇二六字を学年別に紹介しています。10～58ページで取り上げた漢字には、掲載ページを示しています。

一年生で学習する漢字

（ア）一 右 雨 円 王 音 （カ）下 27 火 花 貝
学 気 九 休 玉 金 空 12 月 犬 見
五 口 校 （サ）左 三 山 子 四 糸 字
耳 七 車 手 十 出 女 小 上 14・50
森 人 水 正 生 青 夕 石 赤 千
川 先 早 55 草 足 16 村 （タ）大 男 竹 中
虫 町 天 田 土 （ナ）二 日 入 年 （ハ）白
八 百 文 木 本 （マ）名 目 （ラ）立 35 力 林
六

二年生で学習する漢字

（ア）引 羽 雲 園 遠 （カ）何 科 夏 家 歌
画 回 56 会 10 海 絵 外 角 楽 活 間
丸 岩 顔 汽 記 帰 弓 牛 魚 京
強 教 近 兄 形 計 52 元 言 原 戸
古 午 後 語 工 公 広 交 光 考
行 高 黄 合 10 谷 国 黒 今 （サ）才 細
作 算 止 43 市 矢 姉 思 紙 寺 自
時 室 社 弱 首 秋 週 春 書 少
場 色 食 心 新 親 図 52 数 西 声
星 晴 切 雪 船 線 前 組 走 （タ）多
太 体 台 地 池 知 茶 昼 長 鳥
朝 直 46 通 弟 店 点 電 刀 冬 当
東 答 頭 同 道 読 （ナ）内 南 肉 （ハ）馬
売 買 麦 半 番 父 風 分 聞 米
歩 母 方 北 （マ）毎 妹 万 明 12 鳴 47 毛
門 （ヤ）夜 野 友 用 曜 （ラ）来 里 理 （ワ）話

三年生で学習する漢字

［ア］悪 安 暗 医 委 意 育 員 院 飲
運 泳 駅 央 横 屋 温(17) ［カ］化 荷 界
開(13) 階 寒 感 漢 館 岸 起 期 客
究 急 級 宮 球 去 橋 業 曲 局
銀 区 苦 具 君 係 軽 血 決 研
県 庫 湖 向 幸 港 号 根 ［サ］祭 皿
仕 死 使 始(54) 指(30) 歯 詩 次 事 持
式 実 写(23) 者 主 守 取(44) 酒 受 州
拾 終 習 集 住 重 宿 所 暑(18) 助
昭 消 商 章 勝 乗 植 申 身 神
真 深 進 世 整 昔 全 相 送 想
息 速(55) 族 ［タ］他 打 対 待 代(28) 第 題
炭 短 談 着(38) 注 柱 丁 帳 調 追
定 庭 笛 鉄 転 都 度 投 豆 島
湯 登(50) 等 動 童 ［ナ］農 ［ハ］波 配 倍 箱
畑 発 反 坂 板 皮 悲 美 鼻 筆
氷 表(20) 秒 病 品 負 部 服 福 物
平 返 勉 放 ［マ］味 命 面 問 ［ヤ］役 薬
由 油 有 遊 予 羊 洋 葉 陽 様
［ラ］落 流 旅 両 緑 礼 列 練 路 ［ワ］和

四年生で学習する漢字

［ア］愛 案 以 衣 位 茨 印 英 栄 媛
塩 岡 億 ［カ］加 果 貨 課 芽 賀 改
械 害 街 各 覚(32) 潟 完 官 管 関
観 願 岐 希 季 旗 器 機 議 求
泣(47) 給 挙(14) 漁 共 協 鏡 競 極 熊
訓 軍 郡 群 径 景 芸 欠 結 建(35)
健 験 固 功 好 香 候 康 ［サ］佐 差(30)
菜 最 埼 材 崎 昨 札 刷 察 参
産 散 残 氏 司 試 児 治(24・46) 滋
辞 鹿 失 借 種 周(56) 祝 順 初(54) 松
笑 唱 焼 照 城 縄 臣 信 井 成
省 清 静 席 積 折 節 説 浅 戦
選 然 争 倉 巣 束 側 続 卒 孫
［タ］帯 隊 達 単 置 仲 沖 兆 低 底
的 典 伝 徒 努(40) 灯 働 特 徳 栃
［ナ］奈 梨 熱(18) 念 ［ハ］敗(58) 梅 博 阪 飯 飛(42)
必 票 標 不 夫 付(38) 府 阜 富 副
兵 別 辺 変(28) 便 包 法 望(48) 牧 ［マ］末
満 未 民 無 ［ヤ］約 勇 要 養 浴 ［ラ］利
陸 良 料 量(53) 輪 類 令 冷(32) 例 連
老 労 録

五年生（ごねんせい）で学習（がくしゅう）する漢字（かんじ）

ア 圧 囲 移 因 永 営 衛 易 57 益 液
演 応 往 桜 カ 可 仮 価 河 過 快
解 格 確 額 刊 幹 慣 眼 紀 基
寄 規 喜 技 義 逆 久 旧 救 居
許 境 均 禁 句 型 経 潔 件 険
検 限 現 20 減 故 個 護 効 厚 耕
航 鉱 構 興 講 告 混 サ 査 再 災
妻 採 44 際 在 財 罪 殺 雑 酸 賛
士 支 史 志 枝 師 資 飼 示 似
識 質 舎 謝 授 修 24 述 術 準 序
招 証 象 賞 条 状 常 情 織 職
制 性 政 勢 精 製 税 責 績 接
設 絶 36 祖 素 総 造 像 増 則 測 53
属 率 損 タ 貸 態 団 断 36 築 貯 張
停 提 程 適 統 堂 銅 導 得 毒
独 ナ 任 燃 能 ハ 破 58 犯 判 版 比 肥
非 費 備 評 貧 布 婦 武 復 複
仏 粉 編 弁 保 墓 報 豊 防 貿
暴 マ 脈 務 40 夢 迷 綿 ヤ 輸 余 容 ラ 略
留 43 領 歴

六年生（ろくねんせい）で学習（がくしゅう）する漢字（かんじ）

ア 胃 異 遺 域 宇 映 23 延 49 沿 33 恩 カ 我
灰 拡 革 閣 割 株 干 巻 看 簡
危 机 揮 貴 疑 吸 供 胸 郷 勤 41
筋 系 敬 警 劇 激 穴 券 絹 権
憲 源 厳 己 呼 誤 后 孝 皇 紅
降 27 鋼 刻 穀 骨 困 サ 砂 座 済 裁 37
策 冊 蚕 至 私 姿 視 詞 誌 磁
射 捨 尺 若 樹 収 25 宗 就 39 衆 従
縦 縮 熟 純 処 署 諸 除 承 将
傷 22 障 蒸 針 仁 垂 推 26 寸 盛 聖
誠 舌 宣 専 泉 洗 染 銭 善 奏
窓 創 装 層 操 蔵 臓 存 尊 タ 退
宅 担 探 誕 段 暖 17 値 宙 忠 著 21
庁 頂 腸 潮 賃 痛 22 敵 展 討 党
糖 届 ナ 難 乳 認 納 25 脳 ハ 派 拝 背
肺 俳 班 晩 否 批 秘 俵 腹 奮
並 陛 閉 片 補 暮 宝 訪 34 亡 忘
棒 マ 枚 幕 密 盟 模 ヤ 訳 郵 優 57 預
幼 欲 翌 ラ 乱 卵 覧 裏 律 臨 48 朗
論

中学校で学習する漢字

常用漢字二一三六字のうち、中学校で学習する一一一〇字を紹介しています。10〜58ページで取り上げた漢字には、掲載ページを示しています。

ア 亜哀挨曖握扱宛嵐依威為畏尉萎偉椅彙違維慰緯壱逸芋
咽姻淫陰隠韻唄鬱畝浦詠影鋭疫悦越謁閲炎怨宴援煙猿
鉛縁艶汚凹押（26）旺欧殴翁奥憶臆虞乙俺卸穏 カ 佳苛架華菓渦
嫁暇禍靴寡箇稼蚊牙瓦雅餓介戒怪拐悔皆塊楷潰壊懐諧
劾崖涯慨蓋該概骸垣柿核殻郭較隔獲嚇穫岳顎掛括喝渇
葛滑褐轄且釜鎌刈甘汗缶肝冠陥乾勘患貫喚堪換（29）敢棺款
閑勧寛歓監緩憾還環韓艦鑑含玩頑企伎忌奇祈軌既飢鬼
亀幾棋棄毀畿輝騎宜偽欺儀戯擬犠菊吉喫詰却脚（16）虐及丘
朽臼糾嗅窮巨拒拠虚距御凶叫狂享況峡挟狭恐恭脅矯響
驚仰暁凝巾斤菌琴僅緊錦謹襟吟駆惧愚偶遇隅串屈掘窟
繰勲薫刑茎契恵啓掲渓蛍傾携継詣慶憬稽憩鶏迎鯨隙撃
桁傑肩倹兼剣拳軒圏堅嫌献遣賢謙鍵繭顕懸幻玄弦舷股
虎孤弧枯雇誇鼓錮顧互呉娯悟碁勾孔巧甲江坑抗攻更拘
肯侯恒洪荒（19）郊貢控梗喉慌硬絞項溝綱酵稿衡購乞拷剛傲
豪克酷獄駒込頃昆恨婚痕紺魂墾懇 サ 沙唆詐鎖挫采砕宰栽
彩斎債催塞歳載剤削柵索酢搾錯咲刹拶撮（45）擦桟惨傘斬暫
旨伺刺（31）祉肢施恣脂紫嗣雌摯賜諮侍慈餌璽軸叱疾執湿嫉
漆芝赦斜煮遮邪蛇酌釈爵寂朱狩殊珠腫趣寿呪需儒囚舟
秀臭袖羞愁酬醜蹴襲汁充柔渋銃獣叔淑粛塾俊瞬旬巡盾
准殉循潤遵庶緒如叙徐升召匠床抄肖尚昇（51）沼宵症祥称渉
紹訟掌晶焦硝粧詔奨詳彰憧衝償礁鐘丈冗浄剰畳壌嬢錠

譲醸拭殖飾触嘱辱尻伸49芯辛侵津唇娠振浸紳診寝慎審震
薪刃尽迅甚陣尋34腎須吹炊帥粋衰酔遂睡穂随髄枢崇据杉
裾瀬是姓征斉牲凄逝婿誓請醒斥析脊隻惜戚跡籍拙窃摂
仙占扇栓旋煎羨腺詮践箋潜遷薦繊鮮禅漸膳繕狙阻租措
粗19疎訴塑遡礎双壮荘捜挿31桑掃曹曽爽喪痩葬僧遭11槽踪燥
霜騒藻憎贈即促捉俗賊遜[タ]汰妥唾堕惰駄耐怠胎泰堆袋逮
替29滞戴滝択沢卓拓託濯諾濁但脱奪棚誰丹旦胆淡嘆端綻
鍛弾壇恥致遅痴稚緻畜逐蓄秩窒嫡抽衷酎鋳駐弔挑彫眺
釣貼超跳42徴嘲澄聴懲勅捗沈珍朕陳鎮椎墜塚漬坪爪鶴呈
廷抵邸亭貞帝訂逓偵堤艇締諦泥摘滴溺迭哲徹撤添33填殿
斗吐妬途渡塗賭奴怒到逃倒凍唐桃透悼盗陶塔搭棟痘筒
稲踏謄藤闘騰洞胴瞳峠匿督篤凸突屯豚頓貪鈍曇丼[ナ]那謎
鍋軟尼弐匂虹尿妊忍寧捻粘悩濃[ハ]把覇婆罵杯排廃輩培陪
媒賠伯拍泊迫剥舶薄漠縛爆箸肌鉢髪伐抜罰閥氾帆汎伴
畔般販斑搬煩頒範繁藩蛮盤妃彼披卑疲被扉碑罷避尾眉
微膝肘匹泌姫漂苗描猫浜賓頻敏瓶扶怖附訃赴浮符普腐
敷膚賦譜侮舞封伏幅覆払沸紛雰噴墳憤丙併柄塀幣弊蔽
餅壁璧癖蔑偏遍哺捕45舗募慕簿芳邦奉抱泡胞俸倣峰砲崩
蜂飽褒縫乏忙坊妨房肪某冒剖紡傍帽貌膨謀頰朴睦僕墨
撲没勃堀奔翻凡盆[マ]麻摩磨魔味埋膜枕又抹慢漫魅岬蜜妙
眠矛霧娘冥銘滅免麺茂妄盲耗猛網黙紋[ヤ]冶弥厄躍闇喩愉
諭癒唯幽悠湧猶裕雄誘憂融与誉妖庸揚15揺溶腰瘍踊窯擁
謡抑沃翼[ラ]拉裸羅雷頼絡酪辣濫藍欄吏痢履璃離慄柳竜粒
隆硫侶虜慮了涼猟陵僚寮療瞭糧厘倫隣瑠涙累塁励戻鈴
零霊隷齢麗暦劣烈裂恋廉錬呂炉賂露弄郎浪廊楼漏籠麓
[ワ]賄脇惑枠湾腕

監修

髙木まさき（たかぎまさき）

横浜国立大学教育人間科学部教授。専門は国語教育学。著書に『「他者」を発見する国語の授業』（大修館書店），『情報リテラシー　言葉に立ち止まる国語の授業』（編著　明治図書出版），『国語科における言語活動の授業づくり入門』（教育開発研究所）などがある。

森山卓郎（もりやまたくろう）

早稲田大学文学学術院教授・京都教育大学名誉教授。専門は日本語学。著書に『日本語・国語の話題ネタ』（編著　ひつじ書房），『国語教育の新常識』（共著　明治図書出版），『コンパクトに書く国語科授業モデル』（編著　明治図書出版），『コミュニケーションの日本語』（岩波ジュニア新書），『日本語の〈書き〉方』（岩波ジュニア新書）などがある。

編集

青山由紀（あおやまゆき）

筑波大学附属小学校教諭。著書に『話すことが好きになる子どもを育てる』（東洋館出版社），『子どもを国語好きにする授業アイデア』（学事出版），『こくごの図鑑』（小学館），『古典が好きになるーまんがで見る青山由紀の授業アイデア10』（光村図書出版）などがある。

協力

笹原宏之（ささはらひろゆき）

早稲田大学社会科学総合学術院教授。専門は日本語学（文字・表記）・漢字学。

●装丁・デザイン　有限会社 熊アート
●DTP　株式会社 明昌堂
●イラスト　池田蔵人　いけもとなおみ　イチカワエリ　くどうのぞみ　クボトモコ　すがのやすのり　すぎ木しんぺい　ツダタバサ　野田節美　福田真知子（有限会社 熊アート）
●執筆協力　石川夏子　長竹千晶　株式会社 エイティエイト
●編集協力　株式会社 童夢

参考資料

『小学生のまんが言葉の使い分け辞典［同音異義・異字同訓・類義語・反対語］ 新装版』（学研教育出版），『？に答える！小学国語』（学研教育出版），『必携用字用語辞典　第六版』（三省堂），『ちびまる子ちゃんの似たもの漢字使い分け教室』（集英社），『例解 同訓異字用法辞典』（東京堂出版），『「異字同訓」の漢字の使い分け例（報告）』（文化審議会国語分科会），『言葉に関する問答集 総集編』（文化庁），『光村の国語　広がる！ 漢字の世界』（光村教育図書）

光村の国語　これでなっとく！ にている漢字の使い分け❶

同訓異字 ー同じ訓読みのことばー

2017年11月15日　第1刷発行

監修　髙木まさき　森山卓郎
編集　青山由紀
発行者　時枝良次
発行所　光村教育図書株式会社
〒141-0031　東京都品川区西五反田2-27-4
TEL 03-3779-0581（代表）
FAX 03-3779-0266
http://www.mitsumura-kyouiku.co.jp/
印刷　株式会社 精興社
製本　株式会社 難波製本

ISBN978-4-89572-968-0　C8081　NDC814
64p　27×22cm

Published by Mitsumura Educational Co., Ltd. Tokyo, Japan